THIS BOOK WAS DESIGNED
TO KEEP YOU
MENTALLY STIMULATED
AND HOPEFULLY
OUT OF TROUBLE!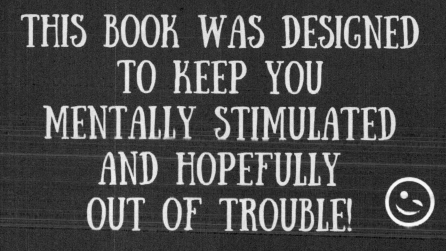

THANK YOU
AND MUCH LOVE!
MAMA KELLY

PROPERTY OF:

SUDOKU

#1

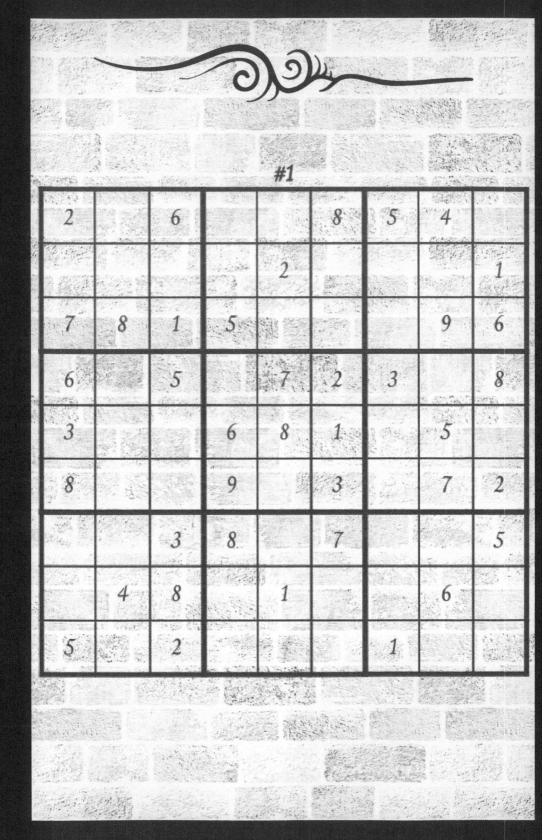

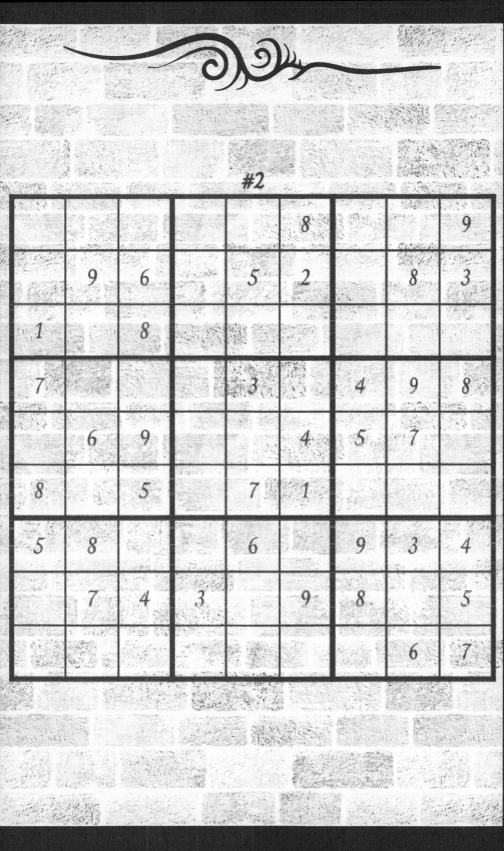

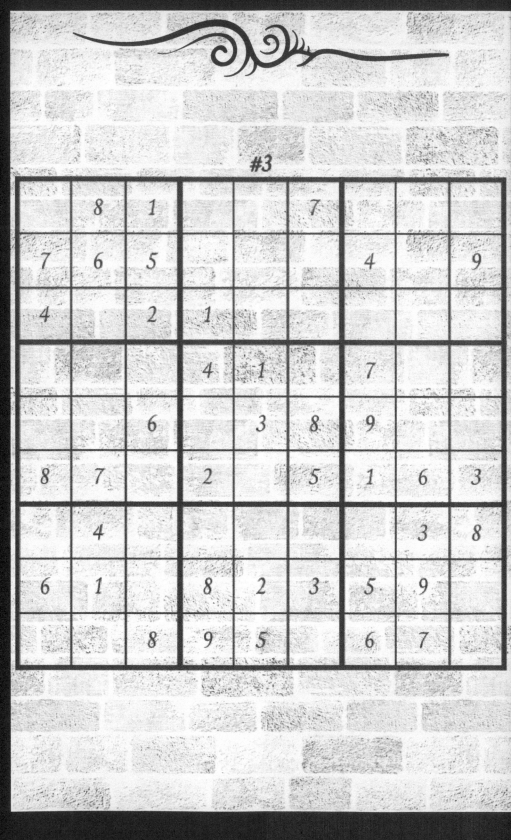

#4

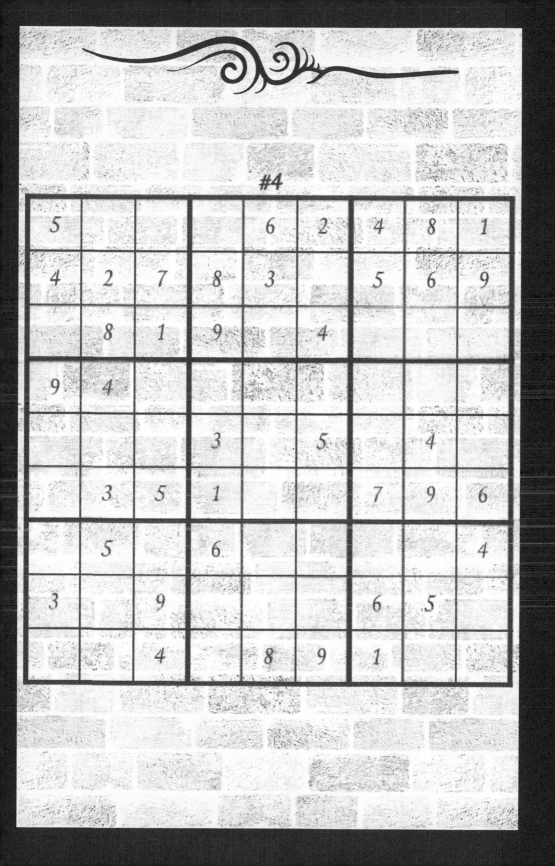

5					6	2	4	8	1
4	2	7	8	3		5	6	9
	8	1	9		4			
9	4							
			3		5		4	
	3	5	1			7	9	6
	5		6					4
3		9				6	5	
		4		8	9	1		

#5

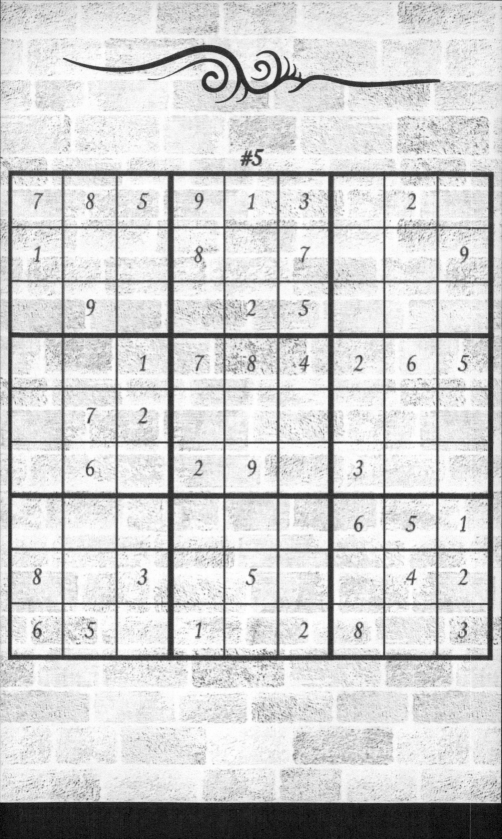

7	8	5	9	1	3		2	
1			8		7			9
	9			2	5			
		1	7	8	4	2	6	5
	7	2						
	6		2	9		3		
						6	5	1
8		3		5			4	2
6	5		1		2	8		3

#6

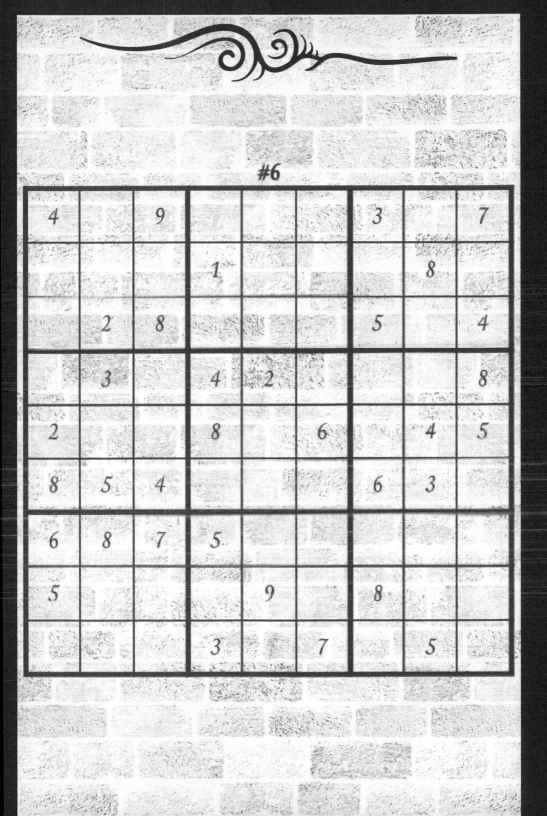

4		9				3		7
			1				8	
	2	8				5		4
	3		4	2				8
2			8		6		4	5
8	5	4				6	3	
6	8	7	5					
5				9		8		
			3		7		5	

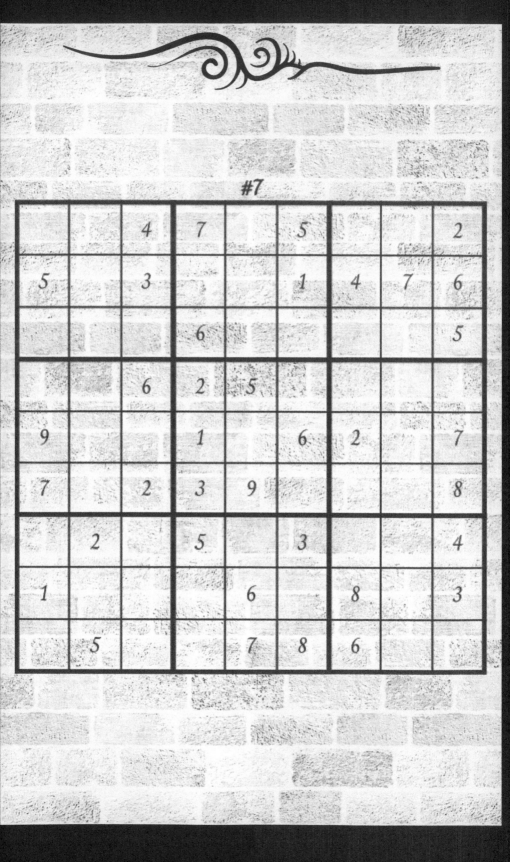

		4	7		5			2
5		3			1	4	7	6
			6					5
	6	2	5					
9			1		6	2		7
7		2	3	9				8
	2		5		3			4
1				6		8		3
	5			7	8	6		

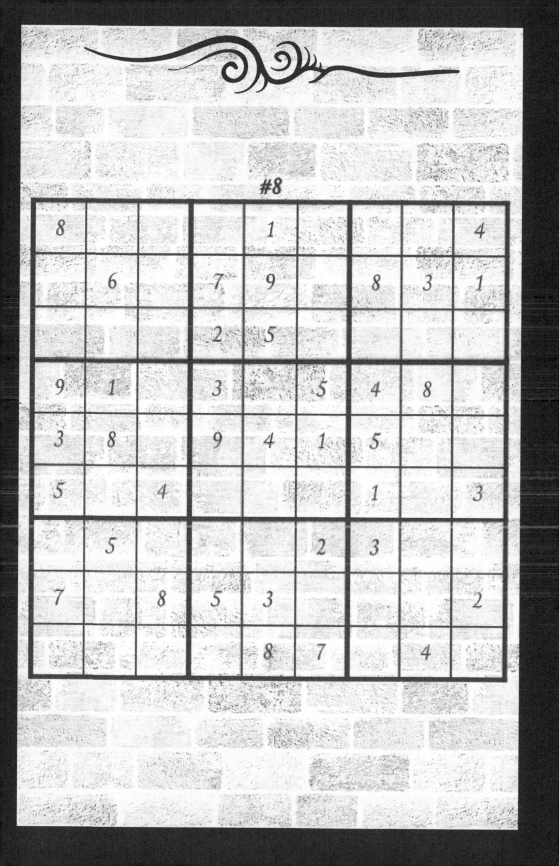

#8

8				1				4
	6		7	9		8	3	1
			2	5				
9	1		3		5	4	8	
3	8		9	4	1	5		
5		4				1		3
	5				2	3		
7		8	5	3				2
				8	7		4	

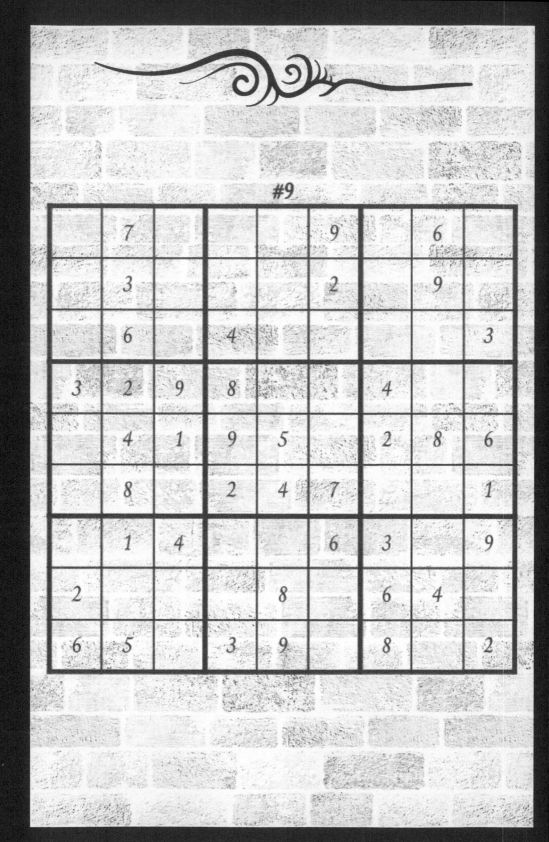

#10

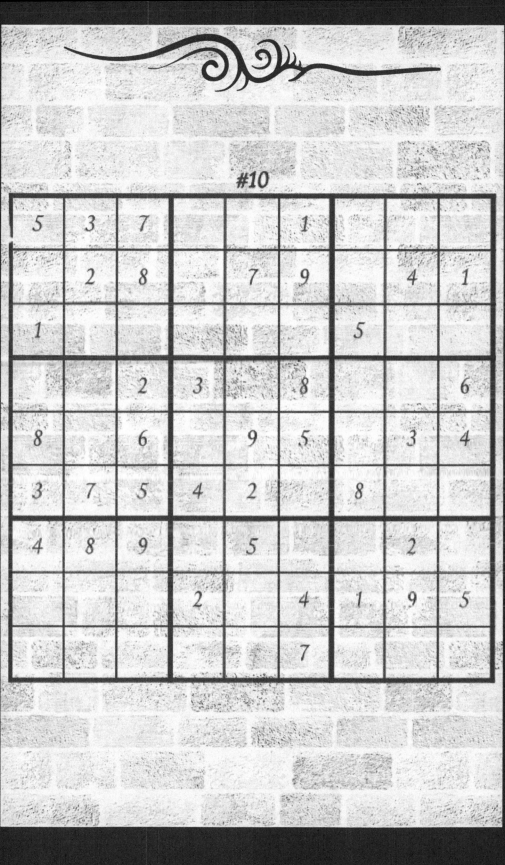

MAZES

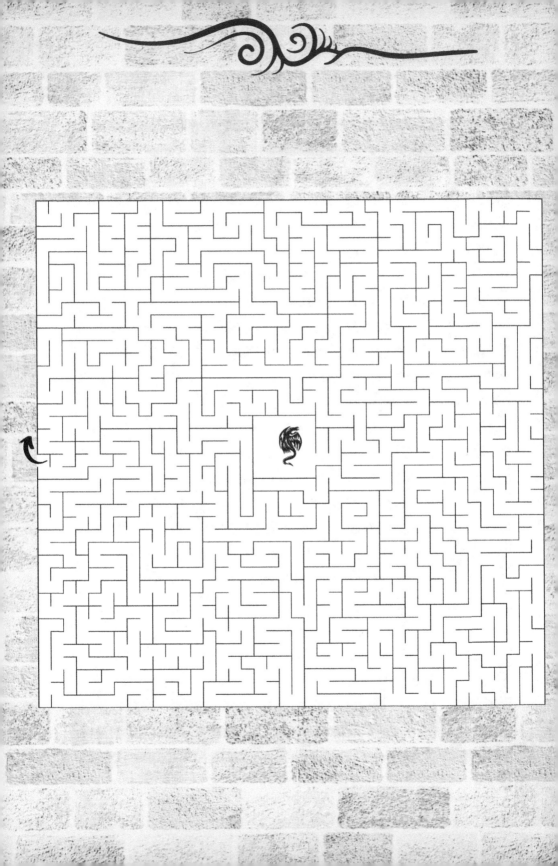

CIRCLE

WORD

```
J J W X V A D R E S S I N G Q T
W D U M B R E L L A N H F L E O
K I P H A R D W A R E H D V D L
I V B W M M J U D G M E N T S E
J I X E A B E H A V I O R S E R
T D F A G H K O Z A P Q T F Q A
R E A K N A A B S T R A C T U N
O N M N E P R I O R I T Y R E T
P D I E T M U L T I P L Y E N O
I S L S I B U S I N E S S M C S
C D I S C R E E T O B F Q E E F
A H A R D S H I P V O M N M E E
L J R T E R M I N A L Y T B Q Y
V I I M R Z C A R R I A G E A M
W C F W E P L A T F O R M R L Z
Y P O Z C O M P L E T E L H H T
```

Circle Word 1

DISCREET, ABSTRACT, FAMILIAR, DIVIDEND, BEHAVIOR,
CARRIAGE, COMPLETE, HARDSHIP, PLATFORM,
HARDWARE, BUSINESS, PRIORITY, UMBRELLA, JUDGMENT,
SEQUENCE, DRESSING, TOLERANT, TROPICAL, MAGNETIC,
TERMINAL, REMEMBER, WEAKNESS, MULTIPLY

```
E  J  J  Q  S  S  A  M  B  E  R  M  G
R  G  A  C  C  L  A  G  I  L  E  A  R
U  U  F  H  E  A  F  L  E  S  H  R  I
G  E  I  A  N  N  Q  S  T  A  A  S  E
B  S  E  I  E  T  U  W  R  J  P  H  F
Y  S  L  N  X  B  E  I  U  K  W  G  M
M  I  D  Z  C  Z  E  P  S  H  A  R  P
U  K  Y  S  G  L  N  E  T  H  E  M  E
W  Q  C  X  W  H  E  A  T  O  B  L  U
S  I  U  K  T  R  A  I  T  R  U  Z  W
G  I  S  T  B  R  A  N  D  G  D  J  D
N  Z  P  E  T  T  Y  I  F  A  G  X  T
J  H  C  R  E  E  D  G  A  N  E  W  W
```

#2

QUEEN, GUESS, WHEAT, RUGBY, THEME, ORGAN, TRAIT, SLANT, TRUST, FLESH, FIELD, CHAIN, SHARP, PETTY, MARSH, BRAND, SWIPE, CREED, AGILE, GRIEF, AMBER, SCENE, BUDGE

B S S G E N E M Z F H J
D T M E S T T T H E R O W
E Q L C H I M A S S S S
N U E A O D T D S O A O
G I F M T Y E O W U C F
C T T P F A L L O K O A
F L A T O G L L P I P T
F X Q B U S T E P Y E L
B A Y D E A D D X A L O
E M J C L N A V Y R W R
E K W I L L L F A D T K
F X R J O J Q K I T E M

#3

CAMP, NAVY, DOLL, YARD, SWOP, GENE, FALL, SHOT, TIDY,
SOFA, COPE, ITEM, TELL, DEAD, MASS, QUIT, STEP, HERO,
LEFT, FLAT, BEEF, WILL

```
W D H Z Z S S C A R P E T J
E R M A S P E C T M X R W S
E A A H A R A S S U G S Q K
F W T M A T U R E M A A O G
C E R C R E A T E Z F L P B
P R I S O N O U I X Z T P A
B K X F C A N V A S C K O S
T A R M U N I Q U E C T S K
D C E L L A R E S R H H E E
E U R O P E W Q I E O R E T
C P S A L M O N N T R E W V
A J D A M A G E G I U A K L
D Y G U T T E R L R S D X E
E J J A C K E T E E A B K H
```

#4

```
S  E  F  C  S  L  H  I  P  S  R
Y  T  D  P  H  Y  D  M  J  E  T
X  A  G  E  Y  F  M  I  I  O  X
K  M  C  R  Y  U  A  X  C  F  B
L  L  A  I  D  N  P  T  E  O  O
B  I  R  L  Y  E  T  I  P  L  Y
A  P  Z  I  L  O  G  O  T  D  K
Y  J  Z  O  E  Y  E  D  T  Z  E
N  F  P  I  H  B  E  D  M  I  Q
W  P  V  L  S  N  O  W  L  Y  Z
O  W  E  C  B  T  C  P  I  H  Y
```

#5

OWE, BOY, OLD, AID, CAR, MIX, LIP, BED, SHY, JET, ICE, OIL
OWL, FUN, BAY, LOG, MAP, EYE, HIP, TIP, AGE, CRY

```
Z O F F E R E N E B N F R F
F O R G E Q V W L S L A I
C M E C V U U J A D O N R
U Z N L C O C C M E A G S
A H I E P T O E E N T H T
M U G R I E L N G R A C E
B M H K A C O T C R E E P
E O T Z N F N R C H O R D
R R K N O C K Y C F P T P
R O U T E P N J J E C Z K
P N U U S T O R E V G G E
K C H J L I V E R E B Y D
R O M D R E S S N R K N Q
```

#6

OFFER, FORGE, FIRST, NIGHT, LIVER, ENTRY, DRESS,
COLON, RANCH, ROUTE, CHORD, FEVER, GRACE, CREEP,
PIANO, CLERK, FLOAT, QUOTE, BLAME, HUMOR, AMBER,
KNOCK, STORE

```
L A N D E S U N T B I U
C Z G H I D E A Y A K P
Y O S X A W A S H I V I
X N N F T S P L O T W C
O E U O P M I N E D E K
V L B S A H O C M E S S
S Z V L S E S O A P R S
E A K O T E P I P E O G
A A G W J L S T A R C T
U W L C O D E R O F K O
X Q Z N F C G U S L O T
W O R D U G C E G X W G
```

#7

CODE, ZONE, ROCK, EAUX, HEEL, PLOT, TRUE, PAST, SLOT,
PIPE, SLOW, PICK, STAR, SQAP, WORD, SNUB, MINE, MESS,
LAND, WASH, HIDE, BAIT

```
K A G T R U S T R B F Y A
T I G E R H E Q A L W N H
H M G R E A T U L A H M F
J S I G H T M E L M F W Y
P D T R I A L E Y E I C O
K J V Z K Q C N E K G C G
A E H F N U D X H A H L G
D L E D L I Z B M U T O E
O L N R O E C V R F K S M
P Y J I B T A B L E K E B
T X O N B S R F R A N K O
M C Y K Y P R C R O S S X
N Y U O P Y Y W O R R Y H
```

#8

QUEEN, TABLE, RALLY, EMBOX, TRIAL, LOBBY, BLAME,
QUIET, DRINK, FIGHT, ADOPT, JELLY, ENJOY, TRUST,
CARRY, CROSS, CLOSE, SIGHT, GREAT, FRANK, TIGER,
WORRY

```
V L I T I G A T I O N T K K I J M F
F R E P E T I T I O N U T T W H L O
H E J T C T M A I N S T R E A M R B
O N T S O W U R J O G H R D J B T D
P Y Z Q N Q D I S A P P O I N T V R
R L Z L S V E G E T A T I O N Q Q E
E D V I C C D M A S T E R M I N D L
S E P T I O E C O N V I C T I O N A
I C S E E M F C O N V E N T I O N X
D O Y R N M I E N T H U S I A S M A
E R C A C I N N G H A U V I N I S T
N A H T E S I F I R S T - H A N D I
C T O U I S T H Y P N O T H I Z E O
Y I L R Z I I E W R R V I F T M H N
L V O E C O O G D E F I C I E N C Y
X E G W C N N G L E A D E R S H I P
C P Y I J X I P R O V I N C I A L O
E X A G G E R A T E I T S V Q P C A
```

#9

PRESIDENCY, CONVICTION, CONSCIENCE, LITIGATION,
PROVINCIAL, REPETITION, VEGETATION, DEFINITION,
PSYCHOLOGY, CHAUVINIST, DECORATIVE, COMMISSION,
LITERATURE, EXAGGERATE, RELAXATION, DISAPPOINT,
FIRST-HAND, CONVENTION, MASTERMIND, HYPNOTHIZE,
LEADERSHIP, DEFICIENCY, ENTHUSIASM, MAINSTREAM

```
Q J P G S T R A N G E Z C D H
Y C D I S P L A Y R M J W G A
N G D M B B D E S E R V E W L
O C C G L M C A P T U R E Q L
P C H Z A K I N S H I P R A W
E H I X B T G G I V S A A Q A
F A C T O R Y Q M I J Y D F Y
F R K S R I M F C L W M I A C
I T E G E V O Q O L O E C L U
C E N A R I E U M A R N A S G
T R X T J A A A P G D T L I X
I S E C U L A R E E I F K F B
O U T S I D E R T T N B I Y U
N G P H T H K E E R G X A I X
X Y E U X G G L M I R A C L E
```

#10

FACTORY, STRANGE, PAYMENT, COMPETE, SECULAR,
DESERVE, FALSIFY, LABORER, CHICKEN, QUARREL,
CAPTURE, FICTION, MIRACLE, RADICAL, WORDING,
DISPLAY, TRIVIAL, OUTSIDE, CHARTER, HALLWAY,
VILLAGE, KINSHIP

FALLEN

PHRASE

FALLEN PHRASE
REBUILD THE PHRASE USING THE LETTERS BELOW EACH COLUMN

#1

```
  | D |   | N | ' |   |   |   |   |   |   | N | . |   |   |   |
  |   |   |   |   |   | L |   | O |   | , |   |   |   |   | . |
```

```
I     A C   T   F   F     R           O   D I
A T T I D K   T H E A L L O D O W   T H I U G H D
```

#2

```
  |   | O |   | ' |   |   |   |   | O |   |   |   |   |   | , |
  |   |   | O |   |   | R |   |   |   |   |   |   | I | . |   |
```

```
        N       E F F   Y   F R U   I   S F   T
I I D E N J T Y S U V E E R   M I N M T E N O A N I T Y
```

#3

```
                          | S |
              | 5 O |   | L |   | S |
              |   | - |   |   |   | S | , |
                    |   | O D | ! |
```

```
F I M L       A E T       T   P   R   S
T F U S S   O   W O S R     S H I N E R   A O
A A L E E O F F I M I S L K Y   T R H F A S   Y O W
A   H R T E R L P T F F G O O L I S C O A E K G U T N D H O
```

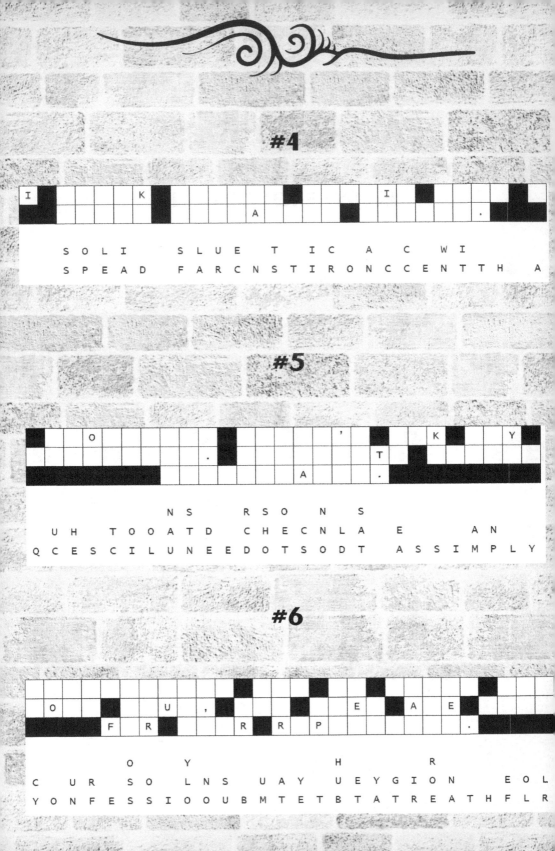

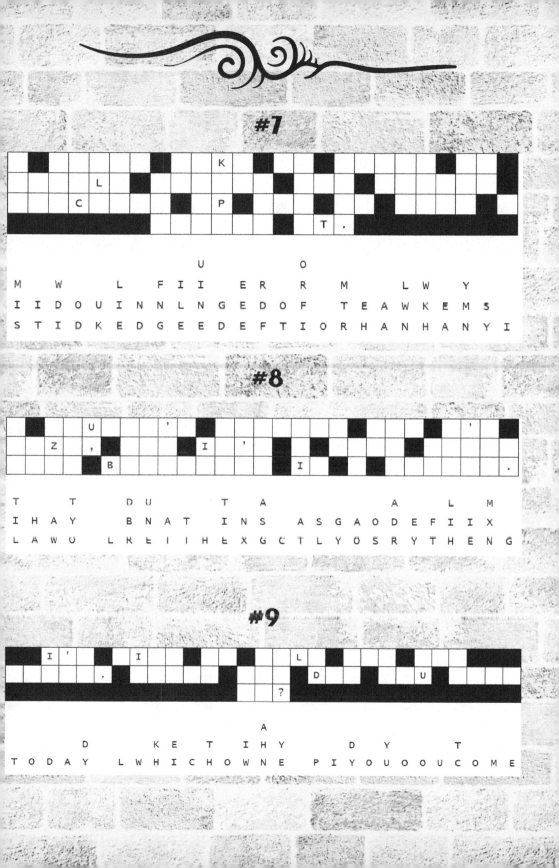

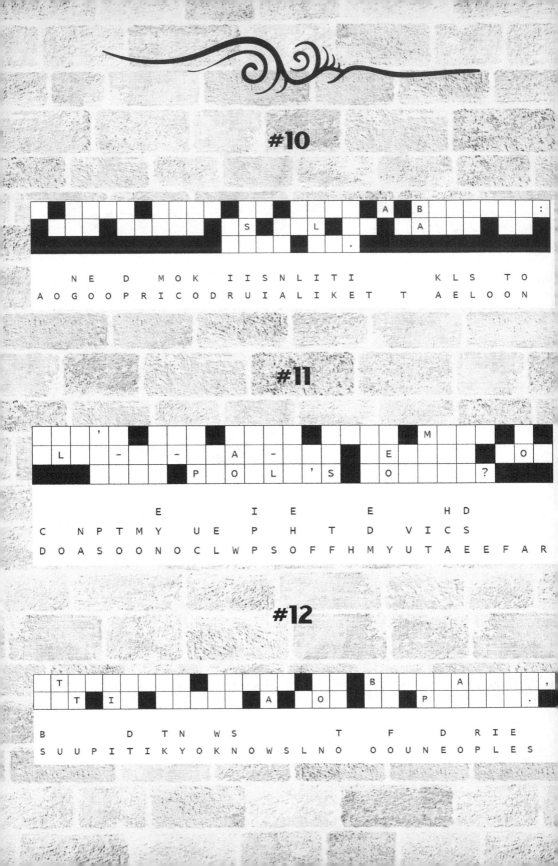

#13

#14

#15

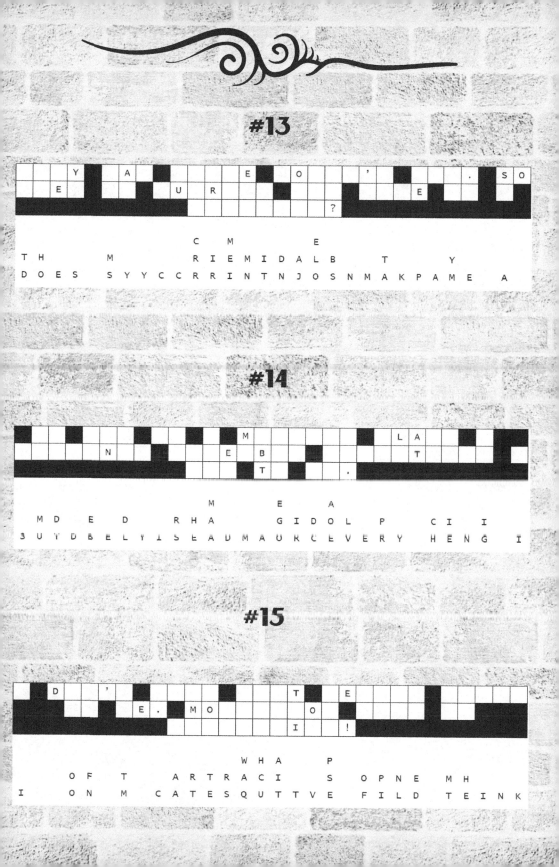

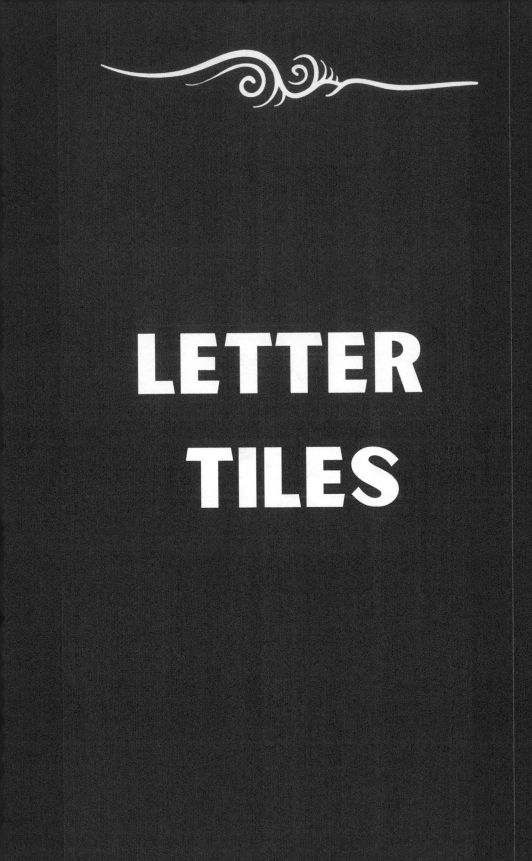

LETTER
TILES

LETTER TILES

UNSCRAMBLE THE TILES TO FORM A PHRASE.
EACH TILE CAN ONLY BE USED ONCE.

#1

g h t	l r i	i f	o	b u	t	n '	t r e e	.	I
t .	I t '	n '	t	d o	r c e	a g e	r	y o	
w e	c a	s a	f o	i g h					

#2

p t	i u b s	f o	i m e r	y ' t	y	s	c a
i s	s .	s u e	o u r	I	n c e	P l e	c r i
o n .	h a v e	t	l	m	d o n	a s e	

#3

o f	i s t	i s s	e s	a n	p e	o f .	.	I
t o	p l e	t i m	I	l t	p	o	i k e	b e

LETTER TILES

#4

o n e	t h	s e	e f u	h a v	t o	f	w n t
n a r	b a a n	.	e o e	a i t	s a r l
c l e	o p p	t t l y	u s o	m e d	w i	I r

#5

l u t	l i o r s	e n t	i o n	d i d	o	o f
r e	p o i	m i l	e v o r	e r	o f	n s	k i n
A f t	n t m	,	y	s a p	f	a y e a	.	o u '

#6

| c a | w e ' e | o n d y | d e | … | e | d C o m | v e r |
| g o t | a r k | v e | t h | s i | . | t o |

LETTER TILES

#7

o l	I'm	a	s	us	a	lo	my	ki d	a
je	par	I'l	ever	r	h	them	.	of	
co s	,	ave	as	l	nent				

#8

ng	c t e	x p e c t e	s n '	e x p	d ?	e t
c t	i x p e	D o e	m a k	u n e	t e	x p e	t h e
d	e e d	h e	u n e c t			

#9

k n o	y o	a r d	w	w o	n e	n e v	n o t	s	h
e	d	g	i	.	n g	D o i	,	y	h i n	o u
h e	n e r	u ' r							

LETTER TILES

#10

th	ar	pri	't	sky	the	f	th
oon	Don	is	ere	oo	then	he	l	m
t	we	m	im	int	se	t	.	one	l
te	l

#11

ni	qe	ua	ys	lik	lse	.	st	ue	,
yon	ber	me	me	e	re	Alw	yo	e	e
ju	ver	u	'r

#12

ac	in	te	the	up	r	,	eav	us	Any
a	r	en	.	Sen	he		whome		ha
er	s	y	es	t	lige	io	th	oo	my	l
ht	t	.	of	to	cap	the	ty		wh

LETTER TILES

#13

B i	r	h o		o n g	h a v	c s		h a t e	e			f o
m o s	e	w e	l	.		t h d	w	t		s t	s t i
s h o		a r		p e	a y s	t		l e	s t i	v e	o o d
t h	o p	l	a t i e		t o u	.	h e		r	y	

#14

T h e		t	o	g	b		c o		e n	a c k	o i n		h o
	b e	o	w	f	t		i s	m e		d o	s t		m i n
o r k		.		a t		f		g	d a y	h e		g	t p a r
t h e													

#15

w e e	s	a	e s t	d		a r	s t		t o r		t u g h
T h e		f i	f t e	d a y		t h e		f i	k e n	.	
r e		h e		v e							

WORD

SCRAMBLE

WORD SCRAMBLE 1

1. **ONRTH** _____
2. **ONAWM** _____
3. **IEGNF** _____
4. **REELB** _____
5. **ETAST** _____
6. **DFARU** _____
7. **DIYRA** _____
8. **ESVER** _____
9. **GSSRA** _____
10. **EOVEK** _____

WORD SCRAMBLE 2

1. OCUNSI _____

2. LGVAER _____

3. UIKNLE _____

4. SISGPO _____

5. MEAIRN _____

6. IDOORN _____

7. EGRNDA _____

8. QHEEUC _____

9. RNABNE _____

10. ENTXDE _____

WORD SCRAMBLE 3

1. ODTMNOAINI _____
2. NNTOOVENCI _____
3. IREPNDCITO _____
4. NRVLOUOTEI _____
5. ERIERMETNT _____
6. NCEATECACP _____
7. HPTHROGAPO _____
8. LIIFTFCYDU _____
9. YNEDUNDACR _____
10. PINCREXEEE _____

CRYPTOGRAMS

DFJ ZYIMC XMTEOWS
MQNJYBDIIN DFPD DIATE RPBDJ
RPB HIBD JLLJEDTKJ UPYYTJY DI
MBJ PZPTQBD DFJ VIHUTJB.

__E_____ _____E_____ ____

_____

____E___ __E____ E_E___E

_____E_ __

__E _____ __E _____E_.

LC'Z E ZYECDAHEUSLFN XDFNRLF
PLCW E ZRFWEC.

__'S _ S_____ _____ ____ _

S_____

#3

KINXJ XHBRLJYSD NWX
KVKSCLSXC VEYRCYSD WX
QNKJNXC NL VXRYXUX YS
DWLQNQ.

A____ _____ A A_____

_____, __ __A____ __ _____ __

_____.

#4

V MQZURZB FQVOZ YOUGVAN RQZ
BUJRK RCXJAUDZAR HG XKVAN U
OCANHCF.

_ ___A__ _____ _ A__ ___ _ A___

_____ __A___ _____ A ____.

#5

PAILGFSTG LG PXSLQY.

___|_____ |_ __|_.

#6

G INTC VGT ZGJW NP PKYT G
MWPINTI EGH YB ORWH DWO YO
CWO ON ORWZ.

A ____ _A_ _A__ __ ___ A _____
_A_ __ ___ ___ __ ___ __ ___.

#7

GM LPAUMX RVN UGM ZUVO ZAQI
UV USNI UV P QV ZAQI.

__ __|___ ___ ___ ___|__ __ ___|_
__ _ __ _|_.

CROSSWORDS

#1

Across
1. come into possession of
2. unproductive of success
3. a relative position or degree of value in a graded group
4. have an influence upon
5. without qualification
6. a variety of different things or activities
7. characterized by a firm humorless belief in one's opinions
8. a person of noble birth trained to arms and chivalry
9. the shore of a sea or ocean
10. an ability that has been acquired by training

Down
11. fixed in your purpose
12. enter upon an activity or enterprise
13. assign a duty responsibility or obligation to
14. consume all of one's attention or time
15. an extended fictional work in prose
16. proceed somewhere despite the risk of possible dangers
17. be attractive to
18. any piece of work that is undertaken or attempted
19. deficient in quantity or number compared with the demand

#2

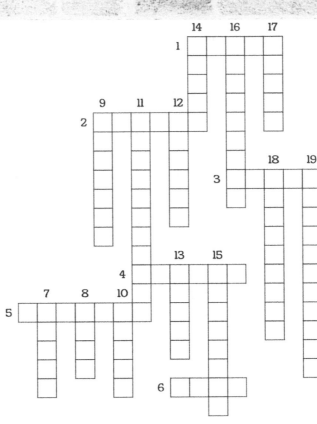

Across

1. a strong wooden or metal post driven into the ground
2. a legally binding command or decision
3. a step in walking or running
4. invest with ministerial or priestly authority
5. come down on or keep down by unjust use of one's authority
6. demonstrating ability to recognize or draw fine distinctions

Down

7. enter a defendant's answer
8. complain bitterly
9. formed or developed from something else not original
10. having a sharp inclination
11. obvious to the eye or mind
12. the condition of being honored
13. permitting little if any light to pass through
14. relative magnitude
15. at an angle to the horizontal or vertical position
16. a quality belonging to or characteristic of an entity
17. make a great effort at a mental or physical task
18. marked by complexity and richness of detail
19. your usual mood

#3

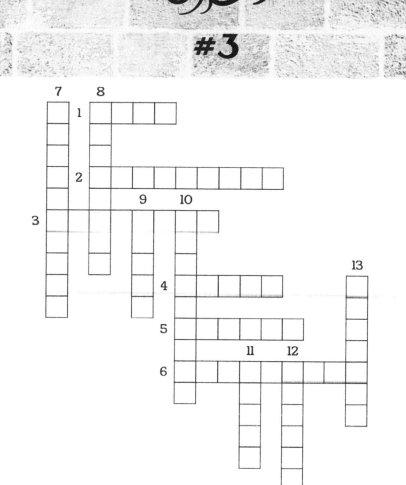

Across

1. the arithmetic operation of summing
2. artificially formal
3. use of physical or mental energy hard work
4. praise glorify or honor
5. press tightly together or cram
6. impressive by reason of age

Down

7. a sequence of steps by which legal judgments are invoked
8. the income or profit arising from a transaction
9. a system of body parts that serves some specialized purpose
10. the goal intended to be attained
11. furnish with a capital fund
12. agree or express agreement
13. ask for or request earnestly

#4

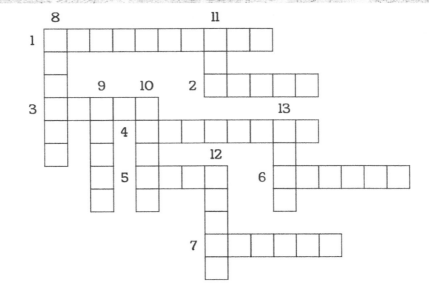

Across
1. cause to lose one's composure
2. lacking stimulating characteristics uninteresting
3. very thin especially from disease or hunger or cold
4. scold or reprimand take to task
5. praise enthusiastically
6. give instructions to or direct somebody to do something
7. separate or cut with a tool such as a sharp instrument

Down
8. stubbornly unyielding
9. seize and take control without authority
10. leave slowly and hesitantly
11. fall away or decline
12. a formal or authoritative proclamation
13. a large number or amount or extent

#5

Across

1. examine thoroughly and in great depth
2. the financial means whereby one supports oneself
3. choose and follow a theory idea policy etc.
4. area relatively far from the center as of a city or town
5. a person holding a fief
6. lessen the intensity of or calm

Down

7. a sudden numbing dread
8. not established by conditioning or learning
9. according with custom or propriety
10. appearing as such but not necessarily so
11. make or shape as with an axe
12. advertise in strongly positive terms
13. a superior skill learned by study and practice
14. invulnerable to fear or intimidation
15. an outward appearance that is deliberately misleading

#6

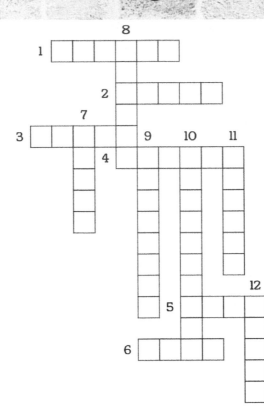

Across
1. disturb especially by minor irritations
2. disentangle
3. a small natural hill
4. a manner lacking seriousness
5. something causing misery or death
6. be full of or abuzz with

Down
7. the beginning or early stages
8. the state of being under the control of another person
9. a pressing or urgent situation
10. incapable of being appeased or pacified
11. a free man who cultivates his own land
12. praise glorify or honor

#7

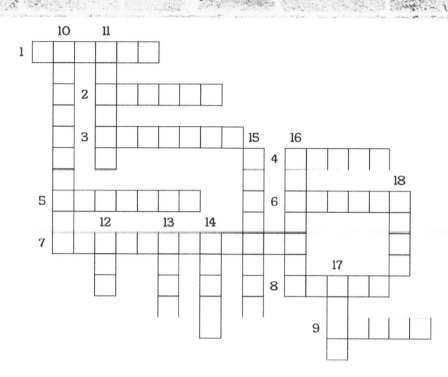

Across

1. conformity with some standard of correctness or propriety
2. meet to select a candidate or promote a policy
3. conspicuous prominent or important
4. a person authorized to act for another
5. express criticism towards
6. a large fleet
7. entry to another's property without right or permission
8. give qualities or abilities to
9. a solemn pledge of fidelity

Down

10. uncertain how to act or proceed
11. remove by cutting
12. showing marked and often playful evasiveness or reluctance
13. assist or encourage usually in some wrongdoing
14. ancient
15. not in keeping with accepted standards of what is proper
16. speak about unimportant matters rapidly and incessantly
17. shower with love show excessive affection for
18. an elaborate song for solo voice

#8

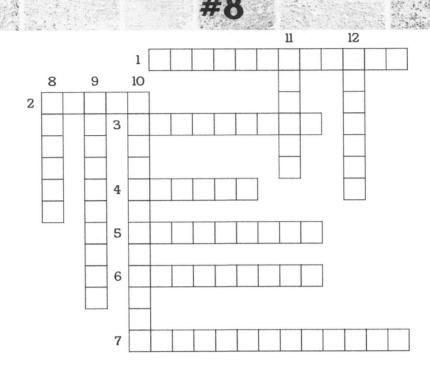

Across
1. arousing to action or rebellion
2. sediment that has settled at the bottom of a liquid
3. everyone being of one mind
4. make resentful or angry
5. only partly in existence imperfectly formed
6. encompassing much or everything
7. marked by quiet and caution and secrecy

Down
8. bear the expenses of
9. greatly exceeding bounds of reason or moderation
10. having or showing arrogant disdain or haughtiness
11. the courage to carry on
12. do away with

#9

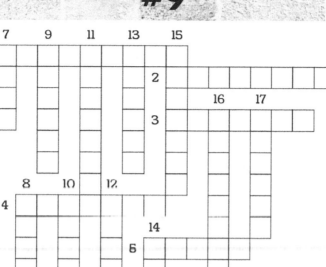

Across
1. irritable as if suffering from indigestion
2. a rough and bitter manner
3. unrestrained merrymaking
4. influence or urge by gentle urging caressing or flattering
5. out of fashion
6. the state of being degenerate in mental or moral qualities

Down
7. a platform raised above the surrounding level
8. habitually disposed to disobedience and opposition
9. stop the flow of a liquid
10. avoid and stay away from deliberately
11. weaken mentally or morally
12. turn up loosen or remove earth
13. clouded as with sediment
14. a person excessively concerned about propriety and decorum
15. the dead and rotting body of an animal unfit for human food
16. someone who is dazzlingly skilled in any field
17. a small storeroom for storing foods or wines

#10

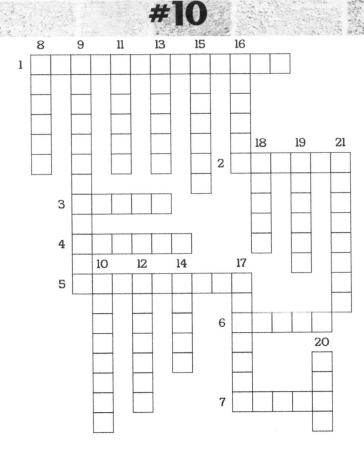

Across

1. the act of expressing earnest opposition or protest
2. marked by up-to-dateness in dress and manners
3. swindle obtain by coercion
4. powerfully persuasive
5. a dissolute person
6. a thin porridge
7. engraving or carving in low relief on a stone

Down

8. straying from the right course or from accepted standards
9. caused by or evidencing a mentally disturbed condition
10. demonstrating ability to recognize or draw fine distinctions
11. pour as if from a conduit that carries a rapid flow of water
12. not varying
13. a phenomenon that is caused by some previous phenomenon
14. repeated too often overfamiliar through overuse
15. of a suitable fitting or pertinent nature
16. made tough by habitual exposure
17. causing improvement in the offspring produced
18. a condensed but memorable saying embodying an important fact
19. make off with belongings of others
20. of no legal significance as having been previously decided
21. characterized by a loud deep sound

#11

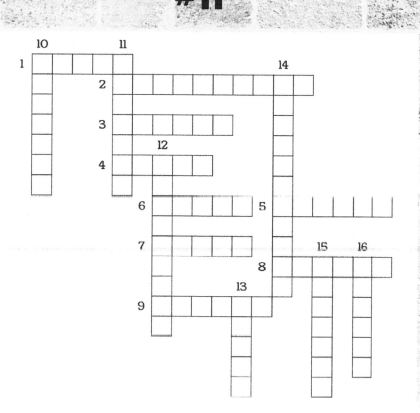

Across

1. healthily plump and vigorous
2. characterized by injustice or wickedness
3. pitching dangerously to one side
4. marked by up-to-dateness in dress and manners
5. tastelessly showy
6. make corrections to
7. an ugly evil-looking old woman
8. raise in a relief
9. a subtle difference in meaning or opinion or attitude

Down

10. grow and flourish
11. affectedly dainty or refined
12. having keenness and forcefulness and penetration in thought
13. cheat or trick
14. not diminished or moderated in intensity or severity
15. irritable as if suffering from indigestion
16. smile in an insincere unnatural or coy way

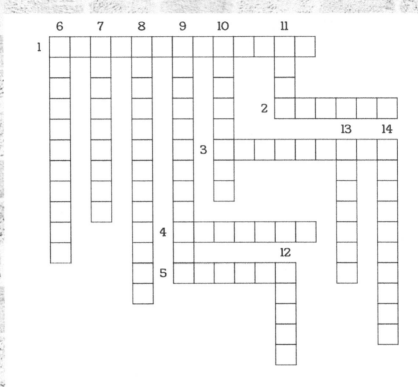

Across
1. beyond doubt or reproach
2. attract
3. deeply rooted firmly fixed or held
4. patent medicine whose efficacy is questionable
5. a medicine that induces nausea and vomiting

Down
6. marked by firm determination or resolution not shakable
7. lacking tact shrewdness or prudence
8. lacking in courage strength and resolution
9. a supplementary component that improves capability
10. influence by slyness
11. a deposit of valuable ore
12. any system of principles or beliefs
13. be a mystery or bewildering to
14. showing frivolous or superficial interest amateurish

#13

Across
1. unproductive of success
2. some situation or event that is thought about
3. deficient in quantity or number compared with the demand
4. capital raised by a corporation through the issue of shares
5. any piece of work that is undertaken or attempted
6. an extended fictional work in prose
7. bring into existence
8. a characteristic state of feeling

Down
9. proceed somewhere despite the risk of possible dangers
10. be emphatic or resolute and refuse to budge
11. come into possession of
12. a person of noble birth trained to arms and chivalry
13. an ability that has been acquired by training
14. annoy continually or chronically

#14

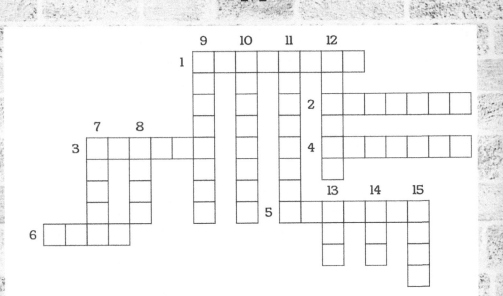

Across

1. one of a group of prominent bishops in the Sacred College
2. having political views favoring reform and progress
3. a legally binding command or decision
4. the force of attraction between all masses in the universe
5. a state in which all hope is lost or absent
6. demonstrating ability to recognize or draw fine distinctions

Down

7. permitting little if any light to pass through
8. make reference to
9. lack of respect accompanied by a feeling of intense dislike
10. a new or reserve supply that can be drawn upon when needed
11. at an angle to the horizontal or vertical position
12. report or maintain
13. weep convulsively
14. naturally disposed toward
15. complain bitterly

SOLUTIONS

SUDOKU

#1

2	3	6	1	9	8	5	4	7
4	5	9	7	2	6	8	3	1
7	8	1	5	3	4	2	9	6
6	9	5	4	7	2	3	1	8
3	2	7	6	8	1	4	5	9
8	1	4	9	5	3	6	7	2
1	6	3	8	4	7	9	2	5
9	4	8	2	1	5	7	6	3
5	7	2	3	6	9	1	8	4

#2

2	3	7	4	1	8	6	5	9
4	9	6	7	5	2	1	8	3
1	5	8	6	9	3	7	4	2
7	2	1	5	3	6	4	9	8
3	6	9	2	8	4	5	7	1
8	4	5	9	7	1	3	2	6
5	8	2	1	6	7	9	3	4
6	7	4	3	2	9	8	1	5
9	1	3	8	4	5	2	6	7

#3

9	8	1	5	4	7	3	2	6
7	6	5	3	8	2	4	1	9
4	3	2	1	6	9	8	5	7
2	9	3	4	1	6	7	8	5
1	5	6	7	3	8	9	4	2
8	7	4	2	9	5	1	6	3
5	4	9	6	7	1	2	3	8
6	1	7	8	2	3	5	9	4
3	2	8	9	5	4	6	7	1

#4

5	9	3	7	6	2	4	8	1
4	2	7	8	3	1	5	6	9
6	8	1	9	5	4	2	3	7
9	4	8	2	7	6	3	1	5
1	7	6	3	9	5	8	4	2
2	3	5	1	4	8	7	9	6
8	5	2	6	1	3	9	7	4
3	1	9	4	2	7	6	5	8
7	6	4	5	8	9	1	2	3

SUDOKU

7	8	5	9	1	3	4	2	6
1	2	4	8	6	7	5	3	9
3	9	6	4	2	5	1	8	7
9	3	1	7	8	4	2	6	5
4	7	2	5	3	6	9	1	8
5	6	8	2	9	1	3	7	4
2	4	9	3	7	8	6	5	1
8	1	3	6	5	9	7	4	2
6	5	7	1	4	2	8	9	3

4	6	9	2	5	8	3	1	7
3	7	5	1	6	4	2	8	9
1	2	8	9	7	3	5	6	4
7	3	6	4	2	5	1	9	8
2	9	1	8	3	6	7	4	5
8	5	4	7	1	9	6	3	2
6	8	7	5	4	1	9	2	3
5	4	3	6	9	2	8	7	1
9	1	2	3	8	7	4	5	6

8	6	4	7	3	5	9	1	2
5	9	3	8	2	1	4	7	6
2	7	1	6	4	9	3	8	5
4	8	6	2	5	7	1	3	9
9	3	5	1	8	6	2	4	7
7	1	2	3	9	4	5	6	8
6	2	8	5	1	3	7	9	4
1	4	7	9	6	2	8	5	3
3	5	9	4	7	8	6	2	1

0	9	7	6	1	3	2	5	4
2	6	5	7	9	4	8	3	1
4	3	1	2	5	8	7	6	9
9	1	2	3	7	5	4	8	6
3	8	6	9	4	1	5	2	7
5	7	4	8	2	6	1	9	3
1	5	9	4	6	2	3	7	8
7	4	8	5	3	9	6	1	2
6	2	3	1	8	7	9	4	5

#9

4	7	2	5	3	9	1	6	8
1	3	8	6	7	2	5	9	4
9	6	5	4	1	8	7	2	3
3	2	9	8	6	1	4	7	5
7	4	1	9	5	3	2	8	6
5	8	6	2	4	7	9	3	1
8	1	4	7	2	6	3	5	9
2	9	3	1	8	5	6	4	7
6	5	7	3	9	4	8	1	2

#10

5	3	7	8	4	1	9	6	2
6	2	8	5	7	9	3	4	1
1	9	4	6	3	2	5	7	8
9	4	2	3	1	8	7	5	6
8	1	6	7	9	5	2	3	4
3	7	5	4	2	6	8	1	9
4	8	9	1	5	3	6	2	7
7	6	3	2	8	4	1	9	5
2	5	1	9	6	7	4	8	3

SUDOKU

```
J  J  W  X  V  A  D  R  E  S  S  I  N  G  Q  T
W  D  U  M  B  R  E  L  L  A  N  H  F  L  E  O
K  I  P  H  A  R  D  W  A  R  E  H  D  V  D  L
I  V  B  W  M  M  J  U  D  G  M  E  N  T  S  E
J  I  X  E  A  B  E  H  A  V  I  O  R  S  E  R
T  D  F  A  G  H  K  O  Z  A  P  Q  T  F  Q  A
R  E  A  K  N  A  A  B  S  T  R  A  C  T  U  N
O  N  M  N  E  P  R  I  O  R  I  T  Y  R  E  T
P  D  I  E  T  M  U  L  T  I  P  L  Y  E  N  O
I  S  L  S  I  B  U  S  I  N  E  S  S  M  C  S
C  D  I  S  C  R  E  E  T  O  B  F  Q  E  E  F
A  H  A  R  D  S  H  I  P  V  O  M  N  M  E  E
L  J  R  T  E  R  M  I  N  A  L  Y  T  B  Q  Y
V  I  I  M  R  Z  C  A  R  R  I  A  G  E  A  M
W  C  F  W  E  P  L  A  T  F  O  R  M  R  L  Z
Y  P  O  Z  C  O  M  P  L  E  T  E  L  H  H  T
```

CIRCLE WORD 1 & 2

```
E  J  J  Q  S  S  A  M  B  E  R  M  G
R  G  A  C  C  L  A  G  I  L  E  A  R
U  U  F  H  E  A  F  L  E  S  H  R  I
G  E  I  A  N  N  Q  S  T  A  A  S  E
R  S  E  I  E  T  U  W  R  J  P  H  F
Y  S  L  N  X  B  E  I  U  K  W  G  M
M  I  D  Z  C  Z  E  P  S  H  A  R  P
U  K  Y  S  G  L  N  E  T  H  E  M  E
W  Q  C  X  W  H  E  A  T  O  B  L  U
S  I  U  K  T  R  A  I  T  R  U  Z  W
G  I  S  T  B  R  A  N  D  G  D  J  D
N  Z  P  E  T  T  Y  I  F  A  G  X  T
J  H  C  R  E  E  D  G  A  N  E  W  W
```

B	S	S	G	E	N	E	M	Z	F	H	J
D	T	M	E	S	T	T	H	E	R	O	W
E	Q	L	C	H	I	M	A	S	S	S	S
N	U	E	A	O	D	T	D	S	O	A	O
G	I	F	M	T	Y	E	O	W	U	C	F
C	T	T	P	F	A	L	L	O	K	O	A
F	L	A	T	O	G	L	L	P	I	P	T
F	X	Q	B	U	S	T	E	P	Y	E	L
B	A	Y	D	E	A	D	D	X	A	L	O
E	M	J	C	L	N	A	V	Y	R	W	R
E	K	W	I	L	L	L	F	A	D	T	K
F	X	R	J	O	J	Q	K	I	T	E	M

CIRCLE WORD 3 & 4

W	D	H	Z	Z	S	S	C	A	R	P	E	T	J
E	R	M	A	S	P	E	C	T	M	X	R	W	S
E	A	A	H	A	R	A	S	S	U	G	S	Q	K
F	W	T	M	A	T	U	R	E	M	A	A	O	G
C	E	R	C	R	E	A	T	E	Z	F	L	P	B
P	R	I	S	O	N	O	U	I	X	Z	T	P	A
B	K	X	F	C	A	N	V	A	S	C	K	O	S
T	A	R	M	U	N	I	Q	U	E	C	T	S	K
D	C	E	L	L	A	R	E	S	R	H	H	E	E
E	U	R	O	P	E	W	Q	I	E	O	R	E	T
C	P	S	A	L	M	O	N	N	T	R	E	W	V
A	J	D	A	M	A	G	E	G	I	U	A	L	L
D	Y	G	U	T	T	E	R	L	R	S	D	X	E
E	J	J	A	C	K	E	T	E	E	A	B	K	H

Grid 1

```
S  E  F  C  S  L  H  I  P  S  R
Y  T  D  P  H  Y  D  M  J  E  T
X  A  G  E  Y  F  M  I  I  O  X
K  M  C  R  Y  U  A  X  C  F  B
L  L  A  I  D  N  P  T  E  O  O
B  I  R  L  Y  E  T  I  P  L  Y
A  P  Z  I  L  O  G  O  T  D  K
Y  J  Z  O  E  Y  E  D  T  Z  E
N  Γ  P  I  H  B  E  D  M  I  Q
W  P  V  L  S  N  O  W  L  Y  Z
O  W  E  C  B  T  C  P  I  H  Y
```

Grid 2

```
Z  O  F  F  E  R  N  E  B  N  F  R  F
F  O  R  G  E  Q  V  W  L  S  L  A  I
C  M  E  C  V  U  U  J  A  D  O  N  R
U  Z  N  L  C  O  C  M  E  A  C  S
A  H  I  E  P  T  O  E  E  N  T  H  T
M  U  G  R  I  E  L  N  G  R  A  C  E
B  M  H  K  A  C  O  T  C  R  E  E  P
E  O  T  Z  N  F  N  R  C  H  O  R  D
R  R  K  N  O  C  K  Y  C  F  P  T  P
R  O  U  T  E  P  N  J  J  E  C  Z  K
P  N  U  U  S  T  O  R  E  V  G  G  S
R  C  H  J  L  I  V  E  R  E  B  Y  N
R  O  M  D  R  E  S  S  N  R  K  N  Q
```

L	A	N	D	E	S	U	N	T	B	I	U
C	Z	G	H	I	D	E	A	Y	A	K	P
Y	O	S	X	A	W	A	S	H	I	V	I
X	N	N	F	T	S	P	L	O	T	W	C
O	E	U	O	P	M	I	N	E	D	E	K
V	L	B	S	A	H	O	C	M	E	S	S
S	Z	V	L	S	E	S	O	A	P	R	S
E	A	K	O	T	E	P	I	P	E	O	G
A	A	G	W	J	L	S	T	A	R	C	T
U	W	L	C	O	D	E	R	O	F	K	O
X	Q	Z	N	F	C	G	U	S	L	O	T
W	O	R	D	U	G	C	E	G	X	W	G

CIRCLE WORD 7 & 8

K	A	G	T	R	U	S	T	R	B	F	Y	A
T	I	G	E	R	H	E	Q	A	L	W	N	H
H	M	G	R	E	A	T	U	L	A	H	M	Y
J	S	I	G	H	T	M	E	L	M	F	W	Y
P	D	T	R	I	A	L	E	Y	E	I	C	O
K	J	V	Z	K	Q	C	N	E	K	G	C	G
A	E	H	F	N	U	D	X	H	A	H	L	G
D	L	E	D	L	I	Z	B	M	U	T	O	E
O	L	N	R	O	E	C	V	R	F	K	S	M
P	Y	J	I	B	T	A	B	L	E	K	E	B
T	X	O	N	B	S	R	F	R	A	N	K	O
M	C	Y	K	Y	P	R	C	R	O	S	S	X
N	Y	U	O	P	Y	Y	W	O	R	R	Y	H

CIRCLE WORD 9 & 10

```
V L I T I G A T I O N T K K I J M F
F R E P E T I T I O N U T T W H L O
H E J T C T M A I N S T R E A M R B
O N T S O W U R J O G H R D J B T D
P Y Z Q N Q D I S A P P O I N T V R
R L Z L S V E G E T A T I O N Q Q E
E D V I C C D M A S T E R M I N D L
S E P T I O E C O N V I C T I O N A
I C S E E M F C O N V E N T I O N X
D O Y R N M I E N T H U S I A S M A
E R C A C I N N C H A U V I N I S T
N A H T E S I F I R S T - H A N D I
C T O U I S T H Y P N O T H I Z E O
Y I L R Z I I E W R R V I F T M H N
L V O E C O O G D E F I C I E N C Y
X E G W C N N G L E A D E R S H I P
C P Y I J X I P R O V I N C I A L O
E X A G G E R A T E I T S V Q P C A
```

```
Q J P G S T R A N G E Z C D H
Y C D I S P L A Y R M J W G A
N G D M B B D E S E R V E W L
O C C G L M C A P T U R E Q L
P C H Z A K I N S H I P R A W
E H I X B T G G I V S A A Q A
F A C T O R Y Q M I J Y D F Y
F R K S R I M F C L W M I A C
I T E G E V O Q O L O E C L U
C E N A R I E U M A R N A S G
T R X T J A A A P G D T L I X
I S E C U L A R E E I F K F F
O U T S I D E R T T N B I Y U
N G P H T H K E E R G X A I X
X Y E U X G G L M I R A C L E
```

FALLEN PHRASE

1. I DIDN'T FALL DOWN. I DID ATTACK THE FLOOR, THOUGH.

2. I DON'T SUFFER FROM INSANITY. I ENJOY EVERY MINUTE OF IT.

3. A TRUE OPTIMIST IS THE GUY WHO FALLS OFF A SKYSCRAPER AND AFTER 50 FLOORS THINKS TO HIMSELF – WELL, SO FAR SO GOOD!

4. I SPEAK FLUENT IRONIC WITH A SOLID SARCASTIC ACCENT.

5. CHOCOLATE DOESN'T ASK ANY QUESTIONS. CHOCOLATE SIMPLY UNDERSTANDS.

6. CONFESSIONS MAY BE GREAT FOR YOUR SOUL, BUT THEY ARE HELL FOR YOUR REPUTATION.

7. I WOULD LIKE TO THANK MY MIDDLE FINGER FOR ALWAYS STICKING UP FOR ME WHEN I NEEDED IT.

8. I WOULDN'T EXACTLY SAY I'M LAZY, BUT IT'S A GOOD THING THAT BREATHING IS A REFLEX.

9. I'D LIKE TO HELP YOU OUT TODAY. WHICH WAY DID YOU COME IN?

10. A GOOD MOOD IS LIKE A BALLOON: ONE PRICK IS ALL IT TAKES TO RUIN IT.

11. DON'T YOU WISH THEY MADE A CLAP-ON-CLAP-OFF DEVICE FOR SOME PEOPLE'S MOUTHS?

12. STUPIDITY KNOWS NO BOUNDARIES, BUT IT KNOWS A LOT OF PEOPLE.

13. THEY SAY CRIME DOESN'T PAY. SO DOES MY CURRENT JOB MAKE ME A CRIMINAL?

14. MY BED IS A MAGICAL PLACE I SUDDENLY REMEMBER EVERYTHING I HAD TO DO.

15. I DON'T CARE WHAT PEOPLE THINK OF ME. MOSQUITOS FIND ME ATTRACTIVE!

LETTER TILES

1. IT'S ALRIGHT IF WE DON'T AGREE. I CAN'T FORCE YOU TO BE RIGHT.
2. PLEASE CANCEL MY SUBSCRIPTION. I DON'T HAVE TIME FOR YOUR ISSUES.
3. I LIKE TO BE AN OPTIMIST. IT PISSES PEOPLE OFF.
4. I REFUSE TO HAVE A BATTLE OF WITS WITH AN OPPONENT SO CLEARLY UNARMED.
5. AFTER MILLIONS OF YEARS OF EVOLUTION, YOU'RE KIND OF A DISAPPOINTMENT.
6. COME OVER TO THE DARK SIDE...WE'VE GOT CANDY.
7. I'M JEALOUS OF MY PARENTS. I'LL NEVER HAVE A KID AS COOL AS THEM.
8. DOESN'T EXPECTING THE UNEXPECTED MAKE THE UNEXPECTED EXPECTED?
9. DOING NOTHING IS HARD. YOU NEVER KNOW WHEN YOU'RE DONE.
10. DON'T TELL ME THE SKY IS THE LIMIT WHEN THERE ARE FOOTPRINTS ON THE MOON.
11. ALWAYS REMEMBER YOU'RE UNIQUE. JUST LIKE EVERYONE ELSE.
12. ANY OF US HAS THE CAPACITY TO LIGHT UP A ROOM. SOME WHEN THEY ENTER, OTHERS WHEN THEY LEAVE IT.
13. BIRTHDAYS ARE GOOD FOR YOU. STATISTICS SHOW THAT PEOPLE WHO HAVE THE MOST LIVE THE LONGEST.
14. THE BEST PART OF GOING TO WORK IS COMING BACK HOME AT THE END OF THE DAY.
15. THE FIRST FIVE DAYS AFTER THE WEEKEND ARE THE TOUGHEST.

WORD SCRAMBLE

#1

1. NORTH
2. WOMAN
3. FEIGN
4. REBEL
5. STATE
6. FRAUD
7. DAIRY
8. SERVE
9. GRASS
10. EVOKE

#2

1. COUSIN
2. GRAVEL
3. UNLIKE
4. GOSSIP
5. MARINE
6. INDOOR
7. DANGER
8. CHEQUE
9. BANNER
10. EXTEND

WORD SCRAMBLE

#3

1. DOMINATION
2. CONVENTION
3. PREDICTION
4. REVOLUTION
5. RETIREMENT
6. ACCEPTANCE
7. PHOTOGRAPH
8. DIFFICULTY
9. REDUNDANCY
10. EXPERIENCE

CRYPTOGRAMS

1. THE GROUP QUICKLY UNDERSTOOD THAT TOXIC WASTE WAS THE MOST EFFECTIVE BARRIER TO USE AGAINST THE ZOMBIES.

2. IT'S A SKATEBOARDING PENGUIN WITH A SUNHAT.

3. AFTER EXPLORING THE ABANDONED BUILDING, HE STARTED TO BELIEVE IN GHOSTS.

4. I CHEATED WHILE PLAYING THE DARTS TOURNAMENT BY USING A LONGBOW.

5. CHRISTMAS IS COMING.

6. A SONG CAN MAKE OR RUIN A PERSONS DAY IF THEY LET IT GET TO THEM.

7. HE WAITED FOR THE STOP SIGN TO TURN TO A GO SIGN.

CROSSWORD SOLUTIONS

#1

1. OBTAIN
2. VAIN
3. LEVEL
4. AFFECT
5. UTTER
6. RANGE
7. EARNEST
8. KNIGHT
9. COAST
10. SKILL
11. BENT
12. UNDERTAKE
13. APPOINT
14. ENGAGE
15. NOVEL
16. VENTURE
17. APPEAL
18. LABOR
19. SCARCE

#2

1. STAKE
2. DECREE
3. TREAD
4. ORDAIN
5. OPPRESS
6. KEEN
7. PLEAD
8. RAIL
9. DERIVED
10. STEEP
11. CONSPICUOUS
12. ESTEEM
13. DENSE
14. SCALE
15. INCLINED
16. ATTRIBUTE
17. EXERT
18. ELABORATE
19. DISPOSITION

#3

1. PLUS
2. CONTRIVED
3. EXERTION
4. EXALT
5. THRONG
6. VENERABLE
7. PROCEEDING
8. PROCEEDS
9. TRACT
10. OBJECTIVE
11. ENDOW
12. ASSENT
13. BESEECH

CROSSWORD SOLUTIONS

#4

1. DISCONCERT
2. BLAND
3. GAUNT
4. ADMONISH
5. RAVE
6. ENJOIN
7. CLEAVE
8. DOGGED
9. USURP
10. TARRY
11. EBB
12. EDICT
13. SLEW

#5

1. PLUMB
2. LIVELIHOOD
3. ESPOUSE
4. OUTSKIRTS
5. VASSAL
6. ALLAY
7. PALL
8. INNATE
9. SEEMLY
10. OSTENSIBLE
11. HEW
12. TOUT
13. PROWESS
14. INTREPID
15. SEMBLANCE

#6

1. NETTLE
2. RAVEL
3. KNOLL
4. LEVITY
5. BANE
6. TEEM
7. ONSET
8. THRALL
9. EXIGENCY
10. IMPLACABLE
11. YEOMAN
12. EXTOL

CROSSWORD SOLUTIONS

#7

1. NICETY
2. CAUCUS
3. SALIENT
4. PROXY
5. UPBRAID
6. ARMADA
7. ENCROACHMENT
8. ENDUE
9. TROTH
10. IRRESOLUTE
11. EXCISE
12. COY
13. ABET
14. HOARY
15. UNSEEMLY
16. PRATTLE
17. DOTE
18. ARIA

#8

1. INFLAMMATORY
2. DREGS
3. UNANIMITY
4. RANKLE
5. INCIPIENT
6. INCLUSIVE
7. SURREPTITIOUS
8. DEFRAY
9. EXORBITANT
10. SUPERCILIOUS
11. METTLE
12. OBVIATE

#9

1. DYSPEPTIC
2. ACRIMONY
3. REVELRY
4. WHEEDLE
5. PASSE
6. DECADENCE
7. DAIS
8. WILLFUL
9. STANCH
10. ESCHEW
11. ENERVATE
12. DELVE
13. TURBID
14. PRUDE
15. CARRION
16. VIRTUOSO
17. LARDER

CROSSWORD SOLUTIONS

#10

1. EXPOSTULATION
2. DAPPER
3. GOUGE
4. COGENT
5. LIBERTINE
6. GRUEL
7. CAMEO
8. ERRANT
9. PATHOLOGICAL
10. INCISIVE
11. SLUICE
12. EQUABLE
13. UPSHOT
14. TRITE
15. APROPOS
16. INURED
17. EUGENIC
18. ADAGE
19. PILFER
20. MOOT
21. RESONANT

#11

1. BUXOM
2. INIQUITOUS
3. CAREEN
4. NATTY
5. GARISH
6. EMEND
7. CRONE
8. EMBOSS
9. NUANCE
10. BURGEON
11. MINCING
12. TRENCHANT
13. COZEN
14. UNMITIGATED
15. BILIOUS
16. SIMPER

#12

1. UNIMPEACHABLE
2. ENAMOR
3. INGRAINED
4. NOSTRUM
5. EMETIC
6. UNFALTERING
7. IMPOLITIC
8. PUSILLANIMOUS
9. APPURTENANCE
10. HOODWINK
11. LODE
12. CREDO
13. NONPLUS
14. DILETTANTE

CROSSWORD SOLUTIONS

#13

1. VAIN
2. ISSUE
3. SCARCE
4. STOCK
5. LABOR
6. NOVEL
7. GENERATE
8. TEMPER
9. VENTURE
10. INSIST
11. OBTAIN
12. KNIGHT
13. SKILL
14. HARRY

#14

1. CARDINAL
2. LIBERAL
3. DECREE
4. GRAVITY
5. DESPAIR
6. KEEN
7. DENSE
8. CITE
9. CONTEMPT
10. RESOURCE
11. INCLINED
12. ALLEGE
13. SOB
14. APT
15. RAIL